静岡 大人の美食レストラン

特別な日に出かけたい、ちょっと贅沢な36選

たまには大切な人と、
ゆったりとした時間が流れる空間で
ちょっと贅沢な美味しい料理と
会話を楽しみたい。
誕生日、記念日、お祝い事、
ここぞのデートや食事会…。
そんな特別な日にぴったりの
大人のランチ&ディナーにこの一冊を…。

静岡

大人の美食レストラン

特別な日に出かけたい、ちょっと贅沢な36選

ハレの日にはスペシャリテを

《データの見方》

TEL.055・989・8788 ……………………… 電話番号
駿東郡長泉町スルガ平347-1 …………… 住所
11:00〜13:30LO、17:30〜19:30LO …… 営業時間
水曜休（祝日営業、翌休）………………… 定休日
テーブル42席、個室2室（〜16人）……… 席数
駐車場200台 ………………………………… 駐車場台数
昼5000円〜　夜10000円〜 ……………… 昼、夜の1人あたり予算
要予約 ……………………………………… 要予約／予約が必要
薦予約／予約がお薦め
カード可 …………………………………… カード利用の可・不可

※定休日の表記は、年末年始、お盆休み、ゴールデンウィークの休みは省略しています。
※情報は2013年4月1日現在のもので、営業時間、定休日、料金等は変更される場合があります。
※掲載料理写真は取材時のもので、料理内容や並び方等、異なる場合があります。

オーベルジュ・ホテルでのんびりと

ときには、おしのび個室で

大人の粋を楽しむ

ハレの日には
スペシャリテを

「手長海老とじゃがいものフリット グリーンピースのサルサ ミントの香り」(手前)。料理はすべてコースの一例

1.青葉の季節には扉を開放。店内を緑の風が吹き抜ける
2.三嶋りつ惠さん作のヴェネツィアンガラスのショープレート

1

2

クレマチスの丘で、繊細で美しいスペシャリテを

リストランテ　プリマヴェーラ

開放感あふれる窓の外に広がるクレマチスの庭園、その先にはイタリアの現代彫刻家ジュリアーノ・ヴァンジの美術館、さらに足を伸ばせばベルナール・ビュフェ美術館。イタリア・トスカーナ、シチリア、スペイン、東京で研鑽を積んだ黒羽徹シェフのレストランは、そんな花とアートに包まれた特別な場所にある。

　メニューはコースのみ。前菜からパスタ、セコンド、ドルチェまで、その料理には地元の契約農家が作る力強い味わいの野菜がふんだんに使われている。あやめ雪蕪、スティックセニョール、小松菜、ういきょう、こうさいたい…。オープンから10年、シェフと農家との二人三脚が作りだした極上の野菜だ。そしてもちろんハーブやイタリア直送のこだわり野菜も。シェフはコースメニューを考える時、「香り」を特に大切にしているという。繊細で美しい一皿一皿の「香り」を、ぜひ楽しんでほしい。

　ヴェネツィアンガラス扉の出迎えから、ブックライブラリーで楽しむ食後酒まで、優雅で華やかな時間は、ゆっくりと流れていく。

1.「インサラータ プリマヴェーラ」(春のサラダ)。プリマヴェーラは「春」のほか「始まり」、「起源」の意味も持つ
2.「ストラッキーノチーズと黒トリュフのトルテッリ 白アスパラガスのクレーマ」
3.「せとかのムースとローズの香り」。地元産の柑橘フルーツのムースとジェラート

ハレの日にはワインを。イタリア産がメインだがカリフォルニア産も揃う。二人だけのスペシャルディナーと、プライベートコンサートが用意される「最高のお誕生日、記念日を過ごす二人のための個室プラン」もお薦めだ

入口からフロアへと向かう途中に、ブックディレクター・幅充孝さんによる、ライブラリースペースが設けられている。イタリアの食やアート、音楽などの本のほか、イタリアから見た日本について書かれた本も並んでいる

おみやげとしても人気の焼き菓子。左からココナッツ風味の「メリンガータ」、アーモンドとコーヒー豆の入った2度焼きクッキー「カントゥッチ」、フェンネルシードが香る素朴なスナック「タラッリ」。各600円

三島・箱根の契約農家から届く新鮮野菜は有機・減農薬・無農薬の3種類。この地の野菜のおいしさに感動したシェフが畑を回り、生産者との関係を築いてきた。この野菜なくしてプリマヴェーラの料理は語れない

Chef's profile

総料理長 黒羽徹さん

イタリア、スペイン「エル・ブジ」の修業を経て、東京「アクアパッツァ」総料理長に。その後「マンジャペッシェ」の料理長から現総料理長に。

アーティスト三嶋りつ恵さん作ヴェネツィアンガラスの「光の扉」(上)

リストランテ　プリマヴェーラ

TEL.055・989・8788
駿東郡長泉町スルガ平347-1 クレマチスの丘
11:00〜13:30LO、17:30〜19:30LO
水曜休(祝日営業、翌休)
テーブル42席、個室2室(〜16人)
駐車場200台
昼5000円〜　夜10000円〜
薦予約　カード可

黒毛和牛はA4からA5ランクまで。写真は「黒毛和牛サーロイン」。まずはシンプルに塩で味わおう

臨場感ある演出と至福の待ち時間

ステーキ 池田《いけだ》

伊東の地に店を構え31年。情緒あふれる建物の入り口から一歩足を踏み入れると、そこは上質な設えが心地いい大人の空間。喧騒を忘れさせてくれる別世界が広がる。緑鮮やかな庭園を望むカウンター席、個室になるカウンター、食後の時間を楽しめるBARや炉席など、「食楽平和（食を楽しみ、幸福を得る）」をモットーに、ここでの時間を穏やかに過ごせる空間造りに力を入れているのがわかる。

静岡産「あしたか和牛」をはじめとしたトップクラスの特選和牛、伊豆で獲れた鮮魚、地場野菜など素材へのこだわりも申し分ない。そんな厳選された食材がシェフの巧みな技により、持ち味を存分に引き出され、極上の料理へと変わっていく。目の前の鉄板で繰り広げられるその臨場感はまるで一つのステージを見ているかのようだ。

席に着いたら食前酒を楽しみながら、まずは目や耳で、待ち時間を楽しもう。敷居が高いと感じるかも知れないが、「お子様コース」（2000円から）などもあるので、家族の特別な日に利用してみてはどうだろう。

1.「海鮮づくしコース」13000円～。伊勢エビやアワビをメインとした魚介好きのための贅沢コース
2.「ステーキランチコース」3800円～。ディナーは「伊豆コース」6500円～。サーロインとフィレ、しゃぶしゃぶから選べる

Chef's profile

料理長 谷村裕之さん
宮崎県出身。16歳でコックとなり大阪で経験を積む。1999年伊豆のフレンチ、イタリアンの店に勤め、2005年「ステーキ池田」へ。

庭を望むカウンター席（上）。夜の庭園はライトアップされ幻想的な姿を見せる

TEL.0557・36・7611
伊東市広野2-4-8
11:30～15:00 LO
17:00～22:00（20:30 LO）
土・日曜、祝日11:30～22:00（20:30 LO）
無休
カウンター39席、テーブル25席、BAR 6席
駐車場10台
昼2000～3000円　夜8000～10000円
薦予約　カード可

「シェフおまかせコース」(ディナー)10000円. 前菜、パスタ、魚・肉料理、ドルチェが付く

クラシカルリゾートで味わう美食イタリアン

Ristrante La Vita é Bella

ラ・ヴィータ・エ・ベッラ

伊豆高原ミッシェルガーデンコート内にあるイタリアンレストラン。「美しい人生」を意味する店名の通り、店内は温かみのあるやさしい雰囲気に包まれ、リゾートウェディングも人気の一軒だ。料理はすべてコースで提供。「コースはストーリー。小説と同じように驚きや期待で胸が躍るような料理をバランス良く組み立てています」と総料理長・石崎幸雄シェフは話す。地元の素材を積極的に用い、素材一つ一つが発する声に耳を傾け、その素材の一番おいしい瞬間と味を引き出す。シェフが惚れた食材の一つであるイタリア最高級の生ハム「クラテッロ・ディ・ズィベッロ」は、現地を訪れ直接仕入れる逸品。米の魔術師とも呼ばれたシェフ自慢のリゾット料理やパスタ料理など、食べてほしい美食は尽きない。

パスタランチ２２００円、特別コース料理３０００円〜。結婚記念日やプロポーズ、誕生日には、フラワーギフトのほかスペシャルデザートなど、シーンに合わせ料理のアレンジもしてくれる。

2

1

4

3

1.「ズィベッロ産クラテッロ 水牛のモッツァレッラ 郷組有機野菜添え」3150円
2.「松阪牛のグリルと松阪牛舌のグアゼット」(コースの一例)
3.「近江牛の低温真空調整のカルパッチョ白トリュフ添え」(同上)
4.「パンナコッタ」。ゼラチンを使わず卵だけで固める濃厚な仕上がり

Chef's profile

総料理長 石崎幸雄さん

東京都出身。1990年イタリアへ渡り修業。東京浅草「ジャルディーノ」の料理長を経て、2002年、現在の総料理長に就任。

中世のイギリスを思わせる建物。テラスからは相模湾を一望

TEL.0557・44・4555
伊東市川奈1439-1 伊豆高原ミッシェルガーデンコート内
11:30〜14:00LO、17:30〜20:00LO※カフェ10:30〜17:30LO　不定休
テーブル60席
駐車場80台
昼2200円〜、夜5800円〜
薦予約 カード可

「松子貝崧（ミル貝と松の実炒め）」は塩味でさっぱりと。ジャガイモで作った籠に美しく盛られる

四川料理を極めたシェフの「おまかせ」を楽しむ

中国四川料理 蜀天《しょくてん》

四川料理の神と言われる・陳建民のもとで道を極め、御殿場「名鉄菜館」で創業以来30年間料理長を務めたシェフ・田恭平さんが、自宅を改築して始めた小さな店。「感動を与える料理を提供したい」。1日3組限定の完全予約制は、その想いを実現するため。朝から丸一日掛けて心を込めて準備し、惜しみなく手腕を発揮し円卓を彩る。

四川料理の最大の特徴は「辛み」。豆板醤、朝天干辣椒、山椒、自家製ラー油など、さまざまな調味料をミックスし、異なる風味の辛さを生み出す。食材は40年来の付き合いがある名古屋の貿易会社を通じ、四川や広東、北京など各産地から仕入れる。ツバメの巣やキヌガサダケ、フカヒレなどの高級食材も然り。要望があれば希望の食材を盛り込みコース料理を仕上げるが、ほとんどが「おまかせ」の注文。シェフの信頼の厚さを物語る。

ランチは2650円から、ディナーは6300円から10000円を超えるコースまで、予算に応じて鉄人の四川料理を堪能したい。

1.「雲白肉(豚バラの薄切り ニンニクソースがけ)」。すべてのディナーコースに含まれる四川料理の名菜
2.「塩爆魷魚(スルメの塩味炒め)」。かん水に漬け込んだスルメはやわらかい仕上がり
3.「翡翠湯(ホウレンソウのスープ)」。鶏、豚、中国ハムの旨味が凝縮されたスープ

Chef's profile

オーナーシェフ
田 恭平さん

東京都出身。15歳で陳建民に弟子入り。御殿場「名鉄菜館」で30年間料理長を務める。2000年、「蜀天」をオープン。

円卓が並ぶホールのほか、特別な日にぴったりの個室もある(上)

TEL.0550・83・7023
御殿場市東田中686-8
11:30〜14:00、17:00〜21:00　水曜休
テーブル24席、個室1室(〜8人)
駐車場12台
昼2625円〜、夜6300円〜
要予約(前日まで・完全予約制)　カード不可

ガチョウのフォアグラをグリエに(手前)。アスパラとイトヨリダイにはエビソースと桜葉の塩を添えて(奥)

豊富な素材から吟味。その日限りのフレンチを
レストランVERJUS《ヴェルジュ》

大きな看板は掲げず、豪華なエントランスも構えない。予約をした人だけのためにひっそりと佇むレストランがここだ。シェフがその日に作りたいと思った料理を作る「おまかせコース」は、フォアグラを含む７５００円のコースと、キャビアとトリュフまで含む１１０００円のコースの2種。ハンガリー産フォアグラ、フランス産ホワイトアスパラ、沼津港に揚がる魚介など食材の産地は幅広い。

穏やかな大人の時間が流れる空間は、中学生以下の入店は不可。「シャンパンやワインで乾杯をしてほしい」と1階でビールは提供しない。ブルゴーニュとボルドー産を中心に約８００本ものワインを揃え、さまざまな年代の味を提供する。食後はソファ席などを備える2階ラウンジへ移動し、くつろいだ雰囲気の中、デザートや食後酒を楽しもう。

食材への好奇心と知識を生かしネットショップ「食材王国ヴェルジュ」も運営。約１４００品もの品揃えは、希少食材を一般家庭で楽しめる術を提供する。

1.「信州産牛テールの煮込み」。マッシュポテトにペリゴール産トリュフがのる。牛と野菜の旨味が詰まったソースで
2. ホタテと長芋を和え、マスの卵を飾る(左)。岩ガキにはカキの旨味と海の塩のゼリーとキャビアをのせて(奥)。手前は「フォアグラのプレッセ」
3.「イタリア産白いんげん豆のムース」。カカオがのるアイスはチョコとバラの実ソースで(手前)。フロマージュブランはオレンジとピンクペッパーで鮮やか(右奥)

Chef's profile

シェフ 河合智之さん

「ル・グラン・ヴェフール」などパリの星付きレストランで経験を積む。六本木、西麻布、沼津で料理長を務め2001年「VERJUS」をオープン。

広すぎず落ち着いた店内。時折届く調理の音に期待が膨らむ

TEL.055・964・0020
住所非公開
18:00〜24:00(23:00LO)　日曜休
カウンター3席、テーブル10席、2階ラウンジあり
駐車場5台
夜15000〜20000円
要予約(完全予約制)　カード可

「豚スペアリブのほろほろ赤酢煮」1890円(手前)、「オニカサゴの姿蒸し広東風」100g/1050円(右上)、「たけのこと岩海苔の唐揚げ」840円(奥)、「台湾豆苗にんにく炒め」1260円(左)

地元食材とピーナッツ油で作るヘルシーな料理

中国料理 盛旺《せいおう》

　大量の胡椒を炒り、香りを立たせ、そこに揚げた芝エビを合わせた「芝えび唐揚げたっぷり粒胡椒炒め」。これはシェフ・望月一さんが先日訪れた香港で食し、盛旺流に考案した最新作だ。新作が次々登場するのが「盛旺」の魅力。シェフの料理への探求心は中国から仕入れる調味料や食材にもつながり、魚介のための生簀まで持つほどだ。料理はあっさりとした広東料理が主体で、海鮮が多いのが特色。地元の魚介、野菜を使い、ラードは一切使わず植物系のピーナッツ油、大豆油を使用。体にやさしい毎日でも食べられるヘルシーな中国料理こそ、シェフの目指す味だ。

　お薦めは、やはり「おまかせコース」（２人前から）。前菜からデザートまで10品ほどが楽しめる５２５０円コースのほか、北京ダックやアワビ、フカヒレといった高級食材を使ったコースも揃う。「安渓鉄観音」や「工芸茶」などの中国茶も20種ほど用意されているので、ぜひお試しを。酒宴には「紹興貴酒 陳年十年」や「臥竜梅 純米吟醸」もいい。

1. 胡椒の実は食べずに香りを楽しむ「芝えび唐揚げたっぷり粒胡椒炒め」2520円。見た目のインパクトも、おいしさのポイント
2. デザートの「マンゴープリン」600円、ほかに「杏仁豆腐」600円の人気も高い

Chef's profile

オーナーシェフ
望月 一さん

清水市出身。新宿「東天紅」を経て、実家の「盛旺飯店」へ。1992年に代替わりし、本格中国料理店としてリニューアルオープン。

テーブル席のほか、ターンテーブルのある個室もあり最大30人の食事会も可能(上)

TEL.054・366・6096
静岡市清水区袖師町1098
11:30～14:00LO、17:00～20:30LO　月曜休
(祝日営業、翌休)
テーブル12席、個室2室(～30人)
駐車場8台
昼840円～(コースは1890円～)、夜3150円～
要予約　カード可

「鯛・本鮪・鳴門イカの造り」（左奥）、「生湯葉のすり流し」（右奥）、「根三つ葉のお浸し」（手前右）、「春鱒の幽庵焼」（手前左）

京割烹の特等席、カウンター席で贅沢を楽しむ

日本料理 くりた

京都・東京の「たん熊」で12年。京料理と真摯に向き合う修業を経て店主・栗田直彦さんは２０１１年、静岡で独立開業した。店は客の目の前で調理し、料理を一品一品提供する、店主念願の「カウンター割烹」。美しい所作で仕事する店主の手をライブで見れば、料理への期待はますます高まるというもの。出来たてを目の前に出され、料理の説明を受け、高ぶる心を抑え静かに口へと運ぶ。至福の時だ。

付き出し、お造り、お椀、焼物、炊合わせ、酢の物、ご飯、香の物、止椀、水物でおよそ2時間。客の食べるスピードや酒の進み具合などに合わせ、量を調整したり、料理の内容や順番を変えるなど、店主のさりげない心遣いも心地いい。カウンタースタイルならではの贅沢な時間を楽しむことができる。店主いわく「京料理の花形、メインディッシュは、椀物」。京料理ならではの深い味わいを堪能したい。

1.「春のちらし寿司」(4人前)5000円はテイクアウトも可能(要予約・季節により内容は替わる)
2.「焼鴨のお椀」(蓮根まんじゅう、焼き茄子入り)。店の器は、そのほとんどが京職人の手によるものだという
3.「茄子と海老と石川小芋の冷やし炊合わせ」。京料理の神髄、だしを味わいたい
4.「浅利の炊き込み御飯」、「赤出し汁」、「香の物」。ご飯は季節の炊き込みが基本で、人数分を土鍋で炊く

Chef's profile

店主　栗田直彦さん

掛川市出身。大阪の調理師専門学校を卒業後、㈱たん熊北店入社。京都本店、東京支店を経て、2011年静岡市に「くりた」を開店。

隠れ家の雰囲気が漂う格子の引き戸を引くと、石畳が…。その先にカウンター席はある

TEL.054・266・5651
静岡市葵区常磐町3-2-18 パークマンション常磐町1B
17:30〜22:00(21:00LO)※昼は応相談　不定休
カウンター6席、個室1室(〜6人)
駐車場なし
昼5000円〜、夜8000円〜
要予約(完全予約制)　カード可

「温野菜とハマグリ、サラダ・コンポゼ」。料理はすべて3650円のランチコースより

フレンチの魔法にかけられて、至福のひとときを

シェ・モンピエール

住宅街の一角に瀟洒な洋館を見つけた時から魔法は始まる。大理石のエントランスを通って、クラシカルな雰囲気が漂う店内へ。

笑いさざめくマダムたちの会話の合間を縫うように、美しく仕上げられた皿がゆっくりと運ばれてくる。中でも思わず歓声を上げてしまうのが、野菜料理の一皿だ。「野菜が大好き」と話す料理長の目黒研一さんは、自ら出向き、地元の新鮮野菜をたっぷり仕入れる。14年間修業した東京・京橋の名店「シェ・イノ」の正統派スタイルを引き継ぎつつ、ソースにも野菜をふんだんに使用。バターやクリームを控えてソースに軽さを出した、野菜いっぱいのヘルシーさが女性に好評だ。

さて約2時間のコースもいよいよ終盤にさしかかり、お待ちかねのデザートタイム。2台のワゴンにのったケーキに目移りしていると「お好きなだけどうぞ」とうれしい声が。実際、全種類を少しずつ、という人もいるのだとか。「記念日の食事」と予約時に伝えておくと、スペシャルプレートを用意してくれる。

1.アミューズ「木苺とビーツのソルベ、クレームサンジェルマン、小さなタルト ロレーヌ風」
2.オードブル「ジャガイモのニョッキとホタルイカを詰めたトマトファルシー」
3.10種類以上のデザートがのったワゴンが席まで運ばれ、自由に選べる

Chef's profile

料理長 目黒研一さん

フランスで2年半修業し、帰国後は京橋の老舗フレンチ「シェ・イノ」で研鑽を積む。2008年「シェ・モンピエール」開店。

落ち着けるクラシックなインテリアが心地いい店内。冬は暖炉に火が灯る

TEL.054・236・0255
静岡市駿河区敷地1-5-27
11:30〜14:00 LO、18:00〜21:00 LO
月曜休、第2・4日曜休
テーブル20席、個室1室(〜8人)
※子ども連れは個室のみ対応
駐車場9台
昼2600〜5500円、夜5250〜12600円
薦予約　カード可

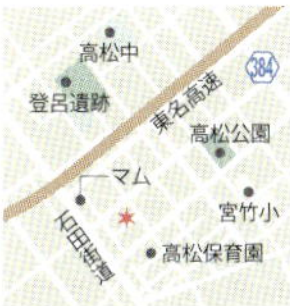

「子鮎南蛮漬」(手前)、「いぼ鯛黄身醤油焼 酢取生姜 花山葵」(左奥)、「造り 平貝 みる貝 茗荷 防風 山葵」(右奥)

カウンター8席だけの大人の贅沢

にし堀

にしぼり

静岡市研屋町で14年、その前は人宿町で14年、独立前も合わせればおよそ60年。和食一筋の親方・西堀高市さんが次に選んだステージはカウンターだけの小さな店。8席だけの、清々しい桧のカウンターが待つ大人のための空間だ。メニューはおまかせのコースのみ。前菜、椀物、お造り、焼物、炊合わせ、小鉢、止、ご飯、水菓子で10000円から。値段により鹿児島・黒毛和牛の料理も加わる。

料理の要となるだしは、北海道の川汲（かやべ）浜の最上級の天然真昆布と、本枯節の血合い抜きを使い、食材は静岡産と全国から。長崎のウニ、山口の口子、和歌山のもずくなど各地に長い付き合いの生産者がいて直送される。カウンターに座り、仕事を見ながら料理を待てば、親方が目利きし、仕立てたその時期だから味わえる美味が楽しめるという趣向だ。

客の箸の進み具合を見て料理のタイミングを計り、呑み具合を見て献立を変えることもあるという親方。カウンターを挟み客と料理人が共に作る粋な時間を堪能したい。

2

3

1

1.「吸物 湯葉入り糝薯 筍 わらび 木の芽」。糝薯(しんじょう)はふわっと軽い食感で、湯葉は修善寺から仕入れている
2. 鮮やかな緑が美しい、春の香り「ひすい豆 口子 絞り生姜」。高級食材の口子がアクセントに
3. 山椒の葉をあたり鉢ですり、京都の味噌で合わせた「木の芽和え 巻海老 筍 椎茸 活独」。香りを楽しみたい

Chef's profile

親方　西堀高市さん

伊豆長岡出身。東京で研鑽を重ね静岡の割烹「桧の木」へ。その後独立、移転を繰り返し、現在の地で2年目を迎えた。

「酣亭」の酣の字は、「酒あり旨いものあり」を意味し、「たけなわ」と読む

TEL.054・251・1890
静岡市葵区鷹匠2-10-8 パサージュ鷹匠1F
12：00〜14：00、18：00〜21：00LO
日曜休、祝日休
カウンター8席
駐車場あり
昼・夜10000円〜
要予約（前日までに・完全予約制） カード可

畑をイメージした春野菜の「季節のサラダ」。玉ネギとハマグリの汁で作った泡状のソースが楽しい。コースの一例

自由な発想から生まれる、新しくて懐かしい一皿

洋風料理 ポンチ軒 by 旬香亭

赤坂の名店として名高い、静岡県出身の斉藤元志郎シェフのレストラン「旬香亭」が、店名も新たに2012年、静岡市に移転オープンした。さぞかし敷居の高い店かと思いきや、玄関は風流な松の木に格子の引戸という予想外のジャパニーズ。店内は気取りのないどこかレトロな落ち着いた設えで、堅苦しさはまるでない。

料理はコースとアラカルトがあるが、「ポンチ軒」の真髄を味わうなら、コースがいい。泡仕立の玉ネギとハマグリソースの「季節のサラダ」、赤身系ビーフの最高峰とされる希少な熊本「あか牛のステーキ」、およそ洋食とはかけ離れた、締めの「汁なし中華そば」、デザートの「季節のかき氷」……。洋食の食材や調理法の枠にとらわれない、和食や中華のエッセンスも散りばめたこの自由な発想こそ、ポンチ軒の真骨頂だ。

料理に驚かされ、一皿一皿を楽しませてくれる、大人のためのレストランは数少ない。この店の料理はエンターテイナーだ。

2

1

4

3

1. 右上から時計回りに「ヒラメの昆布〆大葉とアーモンドのペースト和え」、「魚介のマリネ」、「ビーフカツサンド」、「イベリコ豚の生ハム」、「桜海老の塩クッキー」
2. 旨味、やわらかさ、適度な脂肪が特色の熊本「あか牛のステーキ」
3. 「あか牛のシチュー」。あか牛は熊本の契約牧場から半頭買いしている
4. 「甘鯛のうろこ焼き ブイヤベースソース」。アマダイはジャガイモピューレソースと一緒に、もちろんそのままでも

Chef's profile

料理長 古賀達彦さん

長崎県出身。東京都内のレストラン数軒で修業。赤坂の「旬香亭」で約10年料理長を務めポンチ軒開店より、料理長として活躍。

1階はテーブル席とカウンター席、2階のテーブル席は個室としても利用可能(上)

TEL.054・272・3066
静岡市葵区駿河町4-8 森下ビル1F
12:00〜15:00(13:30LO)、17:30〜23:00頃(20:30LO) 不定休
カウンター5席、テーブル14席、個室1室(〜16人)
駐車場なし
昼1680〜5250円、夜5250〜12600円
要予約 カード可

鉄板焼きを堪能する上質の時を

ドン・岩崎《いわさき》

JR静岡駅南口、ホテルセンチュリーの東にある鉄板焼きレストラン。大きく活けた季節の花に迎えられ、シックで上品な内装の店内に入ると、壁にはビュフェや棟方志功の作品が飾られ、外の世界をたちまち忘れてしまう空間になっている。

「ドン・岩崎」は2007年、岩崎成隆シェフが鉄板焼きレストランの老舗「ル・セール」での勤務の後に開いた店だ。メインはオリジナルのバターソースで味わう「特選吟醸和牛」など厳選した和牛のステーキ。さらに生簀のホタテやアワビをはじめとする鮮度抜群の魚介類が楽しめるのもいい。鉄板焼きレストランとしては静岡で初めてという個室も、家族や友人たちの集いに好評で、女性客も多い。記念日にはケーキのサービスもある。

「ひとことで牛肉といっても、和牛は輸入牛とは違う日本人が作り出した独特の食材」とシェフは言う。アラカルトから始まる季節感たっぷりのコースに、日本の鉄板焼きを愛するシェフのもてなしの心を感じた。

Chef's profile

シェフ　岩崎成隆さん

静岡市にある鉄板焼きの老舗「ル・セール」に1983年から26年勤め、独立。2007年に「ドン・岩崎」を現在地に開店。

季節の花の飾られた玄関まわり。通る人の目も楽しませてくれる

TEL.054・202・7255
静岡市駿河区森下町1-30
17：00～22：00（21：00LO）
月曜休（祝日営業、翌休）
カウンター16席、テーブル10席、個室1室（～6人）
駐車場なし
夜5800円～
薦予約　カード可

2

1

4

3

1. 極上和牛の深い味わいをひき出した絶好の焼き加減
2. 人気メニューのひとつ「フォアグラのソテー大根添え」1680円。「松茸のピッツァ」（季節限定）もファンが多い
3. 目の前で披露されるナイフさばきの妙技も鉄板焼きならでは。もちろんダイナミックなフランベも
4. オマールエビやアワビ、ホタテなどの新鮮な海鮮も魅力。誕生日や記念日にはケーキのプレゼントがある（要予約）

「フレッシュフォアグラとリードボーとホタテ貝のサンドイッチ　トリュフのソース」(コースの一例)

伝統フレンチの格式。厳選素材と重厚ソース

ブリリアント櫻《さくら》

ＪＲ静岡東駅近く、住宅街のマンションの1階。開店から6年、メディア露出を極力避けながら、常連客を集める完全予約制のフレンチレストランがある。

野菜を多用し、軽めに仕上げたフレンチが多い静岡のレストランシーンにおいて、「ブリリアント櫻」はそれとは違う、独自の個性を放つ。銀座の老舗で修業を開始し、フレンチの巨匠ポール・ボキューズに師事したグランシェフ・櫻井聖之さんの料理は、どれもフランス料理の基本と伝統に裏打ちされたレシピによって作り上げられている。たとえば「スズキのパイ包み」は、ポール・ボキューズ直伝のレシピ。しっとりとした魚の身と、旨味を吸収したパイを、ソースがひとつにまとめる。「フォアグラとリードボーとホタテ貝のサンドイッチ」は、強い味わいを持つフォアグラに負けないトリュフの濃厚ソースを合わせた、まさしくスペシャリテ。いずれもここに来ないと味わえない、ファンを引き寄せるとっておきの一皿だ。

1.「ブラッドオレンジのクレープシュゼット」。店の前にある樹齢20年以上のブラッドオレンジの果実を使用
2.「スズキのパイ包み ル・アンクルド」。ポール・ボキューズ発案のスペシャリテ。パリパリとしっとり、両方の食感が味わえる

Chef's profile

グランシェフ
櫻井聖之さん

東京「レンガ屋」で高橋徳男に、渡仏しポール・ボキューズに師事。各地でレストランを開いた後、6年前に「ブリリアント櫻」を開店。

カウンター席はフレンチには珍しいオープンキッチンスタイルになっている

TEL.054・264・2292
静岡市葵区長沼819
11：30～最終入店12：30、17：00～20：30LO
月曜休（応相談）
カウンター6席、テーブル10席
駐車場4台
昼3675円～、夜10500円（サ別）～
要予約　カード可（夜のみ）

「富士宮産柿島の鱒燻製サラダ仕立て」。春を彩る野菜を柚子風味のソースで。料理はすべてコースより

静岡の「美味」を、美しいひと皿に仕上げる

NORI《ノリ》

蓮華寺池公園に近い閑静な住宅街にあるイタリアンレストラン。「常連さんに育ててもらっている」と語る西谷文紀シェフだが、なぜここまで人が足しげく通うのか。もちろん答えは料理の中にある。

地産地消をテーマにした店は今でこそ林立しているが、２００３年の開店当時、華やかな経歴を経たシェフが地元に戻って店を開くには相当の勇気が必要だったはずだ。「特級品は築地に出ていってしまうこともある。地元で生産し、地元で消費していくサイクルの一つを作れたら」。そんな思いを込め、地元の良い素材をひと皿の上に作品として仕上げる。

生産者に会いに行って、直接やりとりし開店から10年。その実直なくり返しが、リピーターと評価を後から呼び込んできたのだろう。

メニューは仕入れによって2、3日ごとに変更。美しい一皿を前に、地産地消の理屈は頭から消滅するが、その幸せはきっと舌と心に残る。良き日のための行きつけにできたら、存分の幸せを返してくれる店だ。

1.「特選静岡そだちのサーロインステーキ 新ごぼうのソース」。9000円コースのメイン
2.「スパゲティ プリマヴェーラ 山菜のジェノベーゼ」。コゴミ、フキなど和の山菜を使ったソースが香り高い
3. その日のメニュー表。ランチは前菜、スープ、ドルチェ、カフェ付きの「日替わりパスタコース」2000円～

Chef's profile

オーナーシェフ
西谷文紀さん

大阪の日本料理店、イタリアの星付きレストラン、神戸のイタリアンレストランの料理長を経て、独立。県産食材に深い理解と愛着を持つ。

テーブル席ながら、和箪笥が飾られた店内。靴を脱いでリラックスでき、落ち着ける（上）

TEL.054・641・4778
藤枝市時ヶ谷864-3
11：30～14：00LO、18：00～20：30LO
火曜休、第1月曜休
テーブル20席、個室1室（～5人）
駐車場8台
昼2000円～、夜4000円～薦予約（夜は要予約）
カード可

店主・一木敏哉さんが京都の老舗料亭「菊乃井」で得た経験を基に、上質な懐石料理でもてなしてくれる一軒。

日本料理の要であるだし一つとっても、椀物にはスッキリとしたきれいなだしがとれる利尻昆布、煮物には濃厚な風味が出る昆布をと使い分ける。さらに、煮物は仕込んでから適時味がしみ込むまで置き、魚は一番おいしく使い切れる分だけを計算して仕入れるなど、料理全体を通して一分の隙もなく、もてなしたいという店主の思いが詰まっている。

コースのほか、人気の「松花堂弁当」(昼のみ)には、季節感たっぷりの食材が使われ、「せっかく遠州に店を構えたのだから」と、御前崎産の魚介類や浜松産野菜を積極的に盛り込む。

選び抜いた食材をより引き立たせるため伊豆大島の塩など調味料も厳選。水は国香酒造の仕込み水を汲んでくるという徹底ぶりには脱帽だ。料理と共に酒も楽しみたい人は、唎酒師でもある店主に相性の良い一杯を選んでもらうのがいいだろう。

京仕込みの技がつくる季節を楽しむ懐石料理

懐石 いっ木《いっき》

Chef's profile

店主 一木敏哉さん

京都「菊乃井」での修業を経て28歳で独立し、「いっ木」を開店。唎酒師でもある店主主催の唎酒会を開くこともある。日時は不定期。

店主の仕事ぶりが垣間見えるカウンター席がメイン

TEL.053・456・0850
浜松市中区田町329-8
12:00～14:00(最終入店13:00)
18:00～22:00(最終入店20:00)
月曜休、火曜ランチ休
カウンター6席、個室1室(～4人)
駐車場なし
昼3675円～ 夜7350円～ 要予約(完全予約制)
カード可(ランチは不可)

1．ハマグリの器にのせたちらし寿司と、車エビのツヤ煮などを美しく盛りつけた八寸。15750円のおまかせコースより
2．ハマグリから出る旨味と塩味がスープの決め手となる「御前崎産蛤の潮汁」
3．春野菜の甘みと、揚げ魚の旨味がベストマッチな「サワラのおかき揚げの春菜あんかけ」
4．八寸やお造りなどの夜のコース料理をギュッと詰め込んだ「松花堂弁当」3675円。先付、煮物椀、ご飯付き

「静岡産黒毛和牛ステーキ　遠州野菜の庭園風」。「ガストロノミーディナーコース」10500円より

気兼ねなく楽しめる地元素材の本格フレンチ

Maison Nakamichi

メゾン　ナカミチ

平日のランチタイムには、地元食材をふんだんに使った料理を求める人で小さな店は満席になる。奥の厨房できびきびと立ち働く中道敦シェフがこの店をオープンしたのは2012年11月。オークラアクトシティホテル浜松・洋食料理長の経験を経て、「だれにでも気軽においしく楽しんでもらえるフレンチ」をコンセプトにスタートした。

「自分が暮らしているこの土地にも、地元生産者が作ったおいしい食材がたくさんあるんです。それを使わない手はないですよね」と話すシェフ。四季折々の遠州産野菜を仕入れ、身体にやさしい五感で楽しめる中道流フレンチを提供する。これが多くの支持を受けている理由だ。

またシェフの人柄からか、店内は常に笑いが絶えず、活気に溢れ、実に居心地がいい。味や盛り付けはもちろんだが、食の楽しみはそれだけではないと、つくづく感じる。ここは気軽に温かいひと時が過ごせる、心も贅沢気分にしてくれるレストランだ。

1.「ひとくちオードブルアンサンブル」。9種類のヘルシーな前菜の盛り合わせ
2. 一番人気の「フランス産フォアグラのロワイヤル バルサミコ風味」。旨味だしの茶碗蒸しが絶品
3.「本日の特製デザート」。ムースとアイスクリーム、チョコのキュートな盛り付けが女性に大人気

Chef's profile

オーナーシェフ 中道敦さん

オークラアクトシティホテル浜松・洋食料理長を経て独立。遠州産野菜など地産地消をテーマに料理を作る。

かしこまり過ぎない雰囲気が心地いい。ちょっとした食事会にもお薦めだ

TEL.053・489・3733
浜松市西区入野町1900-37 サンステージプラム1F
11:30〜14:30、17:30〜21:30
水曜休、第3火曜休
テーブル20席
駐車場8台
昼1890〜6000円、夜4200〜12000円
薦予約　カード不可

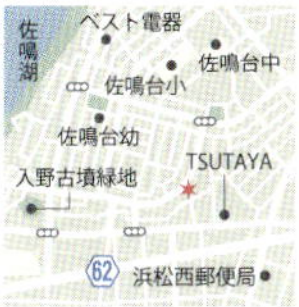

前菜からデザートまで全9品の「旬のコース料理」10000円。フカヒレ、アワビ、伊勢エビ、北京ダックなど高級食材が満載

モダンな「香りの厨房」で味わう、上質な中国料理

中国料理 樓蘭香厨《ローランシャンツー》

遠州産を中心とした新鮮な素材「鮮（シェン）」と、本場中国から取り寄せる豆板醤、山椒、唐辛子などのスパイスの風味「香（シャン）」が融合した料理が自慢の店。中華と聞くと、大皿に盛られた料理が円卓に並ぶイメージが先行しがちだが、この店のスタイルはまるで違う。懐石料理のように一人分を盛り付けた料理を、一皿ずつ優雅にゆったりと堪能できるのだ。

コースの種類は５０００円から１５０００円まで５種類。１００００円以上のコースには「北京ダック」や「大海老とアスパラのライスペーパー揚げ」などの特選食材を使った料理２点盛りが付き、よりスペシャル感を高めてくれる。またどのコースにも質の良い国産フカヒレを使ったスープか姿煮が登場するのもうれしい。締めのご飯が、「チャーシュー麺」、「桜海老の辛味炒飯」、「蒸し鶏とネギのお粥」の３種類から選べる点も好評だ。

パーティープランも充実していて、大皿盛りやバイキング等にも対応している。

1. 食欲をそそる照り具合の「焼きたて蜜焼きチャーシュー」1200円は、肉の旨味がギュッと詰まっている
2. 「青海苔とフカヒレのトロミスープ」。舞阪産青海苔の風味と、フカヒレの旨味が相性抜群(コース料理より)
2. 先付小鉢「フルーツトマトとクラゲの青山椒和え」と、「本日の前菜盛り合わせ」(同上)

Chef's profile

料理長　福田敬吾さん

若き2代目料理長として活躍。より新鮮な味わいを求めて、磐田産チンゲンサイなどの地元食材に注目している。

円卓がある10人用の個室のほか、30人ほどの大人数でも入れる個室もある(上)

TEL.053・413・3003
浜松市中区中央1-3-6-103
11:30～14:30、17:30～21:00　月曜休
テーブル38席、個室4室(～30人)
駐車場7台
昼2300円～、夜5500円～
要予約(団体の場合)
カード可

8000円以上のコース料理の一例。上品な盛り付けが、より一層贅沢な気分にしてくれる

加賀料理の主役は、力強い食材にある

加賀料理 青葉

あおば

加賀料理の店と聞くと、高級料亭を想像するが、ここはそれとは少し違う。もちろん加賀伝統の繊細な味付けや盛り付けが施された、食べる者を魅了する料理の数々は、ほかとは一線を画すものだが、カウンターとテーブル席の気さくなもてなしがこの店の魅力。「元々は庶民的な郷土料理で、いわゆるおふくろの味なんです」と店主・夏目陽介さんは話す。金沢で修業した技術で、北陸の魚介や加賀野菜の魅力を出身地・浜松の人たちに伝えたい。そんな思いからこの地に暖簾を掲げた。

「青葉」の料理の主役は力強い味わいを持つ加賀の食材にある。濃厚な味わいのズワイガニの雌・香箱蟹、塩焼きや刺身で食べるノドグロ、シャキシャキしてぬめりのある葉物野菜金時草（きんじそう）、鶏や鴨の治部煮など、まずは加賀料理を代表する品々を。近江町市場から直接仕入れた食材で、四季折々の加賀料理を提供してくれる。左党には「加賀鳶」、「宗玄」、「菊姫」といたった北陸の地酒もお薦めだ。

2

1

4

3

1. 内子と外子など手を汚さず食べられるように盛り付けられている雌のズワイガニ「香箱蟹」時価（11月上旬～2月上旬）
2. 「白海老」1650円。北陸を代表する海の幸。カボチャの蝶々も美しい
3. 小麦粉でとろみを付けた代表的加賀料理、「治部煮」。鴨は1200円、鶏は900円。本場の味を堪能したい
4. 「加賀太胡瓜昆布〆」500円。煮炊きものでも使われる加賀太胡瓜を昆布〆に

Chef's profile

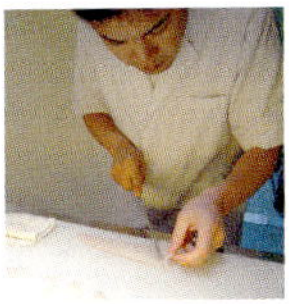

店主　夏目陽介さん

浜松市出身。金沢の老舗「浅田屋」で修業し、5年前に「青葉」をオープン。加賀野菜、北陸の海の幸をこよなく愛している。

静かな住宅街に建ち、木の温もりを生かした店内には、ゆったりとした時間が流れる

TEL.053・451・3876
浜松市中区鴨江3-29-20
18:00～最終入店23:00　日曜休、月1回月曜休
カウンター5席、テーブル16席
駐車場4台
夜4500～10000円
薦予約　カード不可

イタリア人シェフがつくる、食材が生きた本場の味

Orta Ristorante

オルタ リストランテ

浜松にいながら、本場のイタリア料理が食べたい。そう思った時、足を運ぶべき店がこ「オルタ リストランテ」だ。

「日本料理とイタリア料理の共通点は、素材を最大限に生かすところです」と語るエグゼクティブシェフのボノミ・パッティーニ・セバスティアーノさんが、吟味した食材を言葉通り最大限生かし、おいしい一皿へと作り上げる。専用の道具を使って手作業で作るヴェネト地方の伝統的なパスタ「ビーゴリ」や、野菜やイカスミで色付けしたカラフルな生パスタを使った料理は、イタリア出身のシェフならではの技が感じられる人気の逸品だ。

また、焼きたてを提供している4種類の自家製パンや、注文が入ってから作る打ちたての生パスタなどにもこだわりが見える。野菜の味をダイレクトに堪能できる「バーニャカウダ」1600円や、シェフの十八番という「リゾット」もぜひ一度味わってほしい。

毎月開催される料理教室は、プロ直伝の料理が学べるとあって毎回好評。

Chef's profile

エグゼクティブシェフ
ボノミ・パッティーニ・
セバスティアーノさん

イタリア・ピエモンテ生まれ。来日して15年になる。祖国では家族全員が料理に関わる職に携わっている、生粋の料理人だ。

窓の外にはアクトシティが見える。グリッシーニを食べながら料理を待って

TEL.053・455・0321
浜松市中区板屋町675 第2ハマエイビル2F
11:30～14:00、18:00～22:00　火曜休
テーブル36席
駐車場なし
昼2300円～、夜5500円～　薦予約
カード可

2

1

4

3

1. 彩り美しい日替わりの「前菜盛り合わせ」には、必ず生ハムが登場する。料理はすべてコース料理「BARCA」5500円より
2. ゴルゴンゾーラソースで味わうメイン料理「牛サーロインのステーキ」。皿に描かれたユニークな絵柄が楽しい
3. 「焼きニョッキと手づくりビーゴリのパスタ2種類盛り合わせ」。2つの味が楽しめる贅沢感がうれしい
4. 人気の「ストゥルーデル」(リンゴのパイ)がのったデザート。少しずついろいろが女性の心をわしづかみ

「ゴールデンステーキ（ヒレ）」140g7200円。やわらかくきめ細い肉質のロースと、脂分の少ないヒレ、どちらか好みのタイプを

肉汁と旨味が凝縮した、本物の極上ステーキを

鉄板焼きハウスクローバー

「ステーキ＝ごちそう」で、多くの人の憧れの料理だった昭和53年に開店した、浜松屈指の老舗ステーキハウス。

「本当においしい牛肉が食べたい人にこそ、ぜひ味わって欲しい」と話すオーナーシェフ・田島誠司さん。それほど自ら焼くステーキに絶対の自信を持つ。甘みがあって、味が深い国産和牛の雌だけを仕入れ、50～60日ほど熟成させる。それを愛用の鉄板の上で焼き加減を調節しつつ、肉汁をしっかり中に閉じ込めて繊細に焼き上げる。そうすることで、ジューシーかつとろけるような極上ステーキに仕上がるのだ。

肉のランクは4種類あり、「テンダーロイン」、「ゴールデン」、「ロイヤル」と名前もゴージャスになっていく。そして最上級品は隠れメニューで、何度か店に足を運んだ人だけが口にできる幻の逸品だ。魚介好きなら圧倒的人気を誇る「アワビステーキ」もお薦め（８０００円前後）。鮮度の良いアワビのやわらかさと濃厚な味わいにきっと大満足するに違いない。

1. 付け合わせのタマネギは、予約客が到着する1時間前からじっくりと火を通すことで甘くやわらかに。ファンが多い
2. メインで使う肉の切れ端は、サービスで付くガーリックライスに使われる。ニンニクの香ばしさと、牛肉の旨味が絶妙
3. 目の前で肉が焼き上がるシーンを見られるカウンター席。シェフとの会話も楽しい

Chef's profile

オーナーシェフ
田島誠司さん

「クローバー」の開店から35年、ステーキを焼き続けている。鉄板越しの会話の中で、客が求める肉の焼き加減を見極めて提供する。

特別な日にはシャンパンやワインで乾杯を

TEL.053・456・4720
浜松市中区鴨江3-72-1
17:30～23:00LO　水曜休
カウンター20席
駐車場7台
夜5250円～
薦予約　カード可

懐石料理の締めを飾る「にぎり鮨」。ひと口サイズなので最後までおいしく楽しめる。10500円コースより

完全予約の隠れ家で、締めが鮨の懐石料理を

すし懐石　いそ川《いそかわ》

浜名湖乙女園内にある鮨と懐石料理の店。昼夜各２組限定の完全予約制というスペシャル感と、店主・磯川晶人さんがネタをのせたワゴンでテーブル前に登場し、目の前で握ってくれる８４００円以上のコースの「締めの鮨」の演出が評判を呼んでいる。

「懐石料理を味わいつつ、旬も堪能してほしい」と語る店主。春はフキノトウやワラビ、初夏を迎える頃にはコハダやシンコといった、旬の食材を仕入れて献立を組み立てるのが「いそ川」流だ。

また、築地で「舞阪ブランド」として人気の高い舞阪産のアマダイやフグ、浜名湖のアサリやカキ、三河湾のミル貝やトリ貝…。

浜名湖に立地し、すぐ隣には三河湾がある地の利を生かした、この店ならではの鮨ネタが揃う。

最近は店主所有のボートで浜名湖へ釣りに出かけ、自ら釣ったキスやサヨリを提供することもあるとか。１本釣りの新鮮この上ない魚に出合えたら幸運だ。

1. 先付、前菜、椀、刺身、焼物、揚物、煮物、鮨、デザートの順で提供される「懐石コース」(写真は10500円)
2. ほどよい量を盛り合わせた「揚物」。写真は筍の真丈挟み揚げ、コゴミ、タラの芽、車エビのアーモンド揚げ
3. 贅沢な「甘鯛西京ウニ焼き」。西京焼きの風味と、トロリとしたウニの甘みが相性抜群

Chef's profile

店主　磯川晶人さん

東京、横浜で鮨と懐石料理の修業をした後、ロサンゼルスでも鮨職人として活躍。1997年に「いそ川」を開店。

一般的な鮨店の内装と比べると、かなりモダンな雰囲気。貸し切りも可能(15人まで)

TEL.053・592・0515
浜松市西区舞阪町弁天島3589-1
11:30〜14:00、18:00〜
月曜休(予約があれば営業)
テーブル14席
駐車場3台
昼5250円〜 夜8400円〜
要予約(完全予約制)　カード不可

オーベルジュ・ホテルで のんびりと

各所に意匠を凝らしたサロン室。続きの間の日差しが心地よいサンルームからは庭越しに海が望める

潮風を感じる一期一会のフレンチ
ヴィラデルソル

1. 麻布から大磯、そして熱海へと移築され、今は青い空と海、緑に囲まれた地で由緒ある建築物としての気品を放つ
2. テラスからは太平洋の大パノラマが広がり、非日常的な気分を一層高めてくれる

明治35年、徳川家15代当主・頼倫公が自邸に設立した日本初の西洋図書館「南葵文庫」。移築された熱海の地で、今は「星野リゾート 界 熱海」の別館、海沿いのフレンチレストランとして静かに佇む。1階エントランスやサロンからも、その格調高いルネサンス建築の重厚さが感じられ、2階のレストランでは「海そのものを味わうフレンチ」をコンセプトに、素材の持つ力を最大限に引き出した魚介メインのフレンチが味わえる。

7年ものの大ハマグリや黒アワビ、伊勢エビなど、伊豆の良質な海の幸をちりばめた「伊豆七宝料理」をはじめ、その日揚がった魚介を見て考えるメニューはまさに一期一会。シェフ自ら摘んだ朝採りの有機野菜や、伊豆山の海藻も取り入れながら、時に華やかに、時にシンプルに仕上げていく、「潮風を感じるフレンチ」だ。

食事のみの利用は土・日曜、祝日の完全予約制だが、もっと贅沢に、ゆったりとした時間をお望みなら温泉に浸かり、オーシャンビューの部屋で一夜を過ごし、朝日と共に目覚めるのもお薦めだ。

1

3

2

1.「サザエとアワビの海水仕立て」。海水だけで蒸し煮したサザエとアワビに伊豆山のメカブと海水の泡を添えて(手前)。
マルセイユの手間暇惜しまぬ製法で、魚介の旨味がスープと身に凝縮された「ある日のブイヤベース」(左奥)。

湯引きで皮の歯応えを引き出した「昆布〆真鯛の前菜」(右奥)

2.「アオリイカとマンゴーのタルタル」。食感の対比が印象的で、ガスパチョとレモンが小気味いいアクセントに

3.「シャルトリューズのフラッペ」。フランス産の野イチゴや地場の柑橘類に、薬草のリキュールを凍らせて

2つの湯屋をつなぐ森の小道を抜けると、空中湯上がり処「青海テラス」が見えてくる。海に向かって空中に浮かぶように張り出したテラスは開放感たっぷり。夜は灯りがともり、幻想的な雰囲気に包まれる

日本三大古泉である伊豆山温泉の源「走り湯」の名を付けた檜の丸太組みの大浴場(写真)と、建築家・隈研吾氏デザインのモダンな露天檜風呂「古々比の瀧(こごいのゆ)」。宿泊すれば2つの温泉が楽しめる

海沿いの立地を生かし、魚介は目の前の伊豆山港から仕入れる新鮮な相模湾産をメインに、駿河湾などの近海物を使用。約1000種類もの魚介が生息する相模湾は、良好な漁場としても知られる

全7室の客室は、すべてオーシャンビュー。室内をシンプルに白で統一し、どの部屋も大きなガラス窓があるため、窓一面の海と空。絵画のような風景を楽しむことができる

星野リゾート　界 熱海 別館 ヴィラデルソル

TEL.0557・80・2020
熱海市伊豆山759
12:00〜13:30 LO、
18:00〜20:00 LO
※食事のみの利用は土・日曜、祝日のみ
不定休
テーブル36席
駐車場10台
昼7507〜11550円
夜11550〜17325円
要予約(完全予約制)
カード可
1泊2食(平日)1人26000円〜

クラシカルな雰囲気のレストラン。2008年に国の登録有形文化財に指定されている

Chef's profile

シェフ 金野茂さん

山形県出身。渋谷「アタゴール」を経て渡仏。スイス・アルボア「ジャン・ポール・ジュネ」などで研鑽を積み、2005年帰国。「ヴィラデルソル」のシェフに就任。

「冷製・茹で・焼きの野菜とハーブのフラワーアレンジメント風」。塩と数種類のソースで季節を楽しむ

アートのような
バスク地方のスペイン料理を
Auberge Feliz
オーベルジュ フェリス

食をエンターテイメントにするスペイン・バスク地方。そんな田舎のおしゃれなレストランに感化されたシェフが、伊豆の小高い山の上でアートな料理と寛ぎの時間を提供するオーベルジュを開いた。

シェフのデッサンと遊び心から生まれる料理は、ピザの箱で登場するピンチョスや、雲のように消えてしまいそうなオムレツなどひとひねりある品ばかり。皿のデザインも手掛け、2日間を通し、客に同じ皿を出すことはないという。食材もまた極力同じものを使わないよう、2日間で約250種類の食材を提供。その9割以上が静岡県と地元・伊豆産だ。ただし、だしとソースはスペインの食材だけで作る。絶対に変えないバスクの味だ。

ディナーは3〜4時間かけてゆっくりと。夜更かしして、寝坊して、温泉に入って、11時からのブランチを楽しむ。「南ヨーロッパに似ている」とシェフの言う伊豆のオーベルジュで、ゆったりとした時を過ごす「Feliz＝幸せ」スタイルだ。

2

1

3

1. キンメダイを二つの食感で楽しむ「金目鯛のソテーとバポール」(手前)。「紅ほっぺとフルーツトマトのガスパチョ」(奥)
2. 「7種類のデグスタシオン ピンチョスにて」。天城のシャモやマス、伊豆牛など、伊豆の食材を日替わりで使用
3. 「恵比寿のパエリャ」。宿泊者限定ブランチメニューの一品。手長エビや駿河湾の魚介類を使用

Chef's profile

シェフ 谷田部茂也さん

フランス、イタリアで経験を積んだ後、スペイン料理に出合う。1999年、恵比寿「Feliz」で独立。2006年、現オーベルジュオープン。

パノラマビューの開放的な空間。ゆったりと流れる狩野川や山々が一望できる

TEL.0558・73・2377
伊豆市修善寺4280-47
18:30〜20:00LO　水曜休
※食事のみの利用は月・火曜のディナーコース(9450円)のみ
テーブル10席
駐車場5台
夜10000円〜　要予約(1週間前までに)
カード可
1泊2食1人25500円〜

自然の力と神秘を感じる
美味の宿

野菜の美食オーベルジュ arcana izu

アルカナ イズ

伊豆・天城湯ヶ島温泉。その山間に、自然の力を身体中で感じられる場所「アルカナ＝神秘」の宿がある。客室は眼下に力強い狩野川、目の前には四季が移ろう山が広がり、源泉掛け流しの温泉に浸かれば、風が心地よい。鹿の鳴き声さえ聞こえる大自然の中で、心も体も癒やされる空間だ。

　そしてレストランは、野菜をテーマとする「リュミエール アルカナイズ」。野菜をソースに仕上げたり、エッセンスやパウダーに変えたり、様々な野菜料理を楽める。グランシェフは大阪「リュミエール」のオーナーシェフ・唐渡泰さん、そして料理長はその精神を受け継ぐ山本篤史さん。生クリームやバターを控え、野菜の力を引き出した体にやさしい料理が特徴で、低カロリーながらその濃厚な味わいに驚く。「野菜を楽しく食べられる空間を提供したい」と、プレゼンテーションにも趣向を凝らす。調理の様子が見られるオープンキッチンもその一つ。シェフと話をする時間も、おいしいごちそうだ。

Chef's profile

グランシェフ
唐渡 泰さん

神戸の名店「ジャン・ムーラン」などで修業、料理長を務める。2006年「リュミエール」を開業。2009年「アルカナイズ」のグランシェフに就任。

食事の時間も、部屋でのリラックスタイムも、目の前には大自然が広がる

TEL.0558・85・2700
伊豆市湯ヶ島1662
18：00～　無休
駐車場16台
カウンター16席、テーブル8席、個室4室（～2人）
夜15000～25000円　要予約（1週間前までに）
カード可
1泊2食1人41500円～

2

1

4

3

1.「芽吹き」。天城シャモ、フォアグラ、黒トリュフに凍らせたマッシュルームのソースを。雪解けから春を迎える大地を表現
2.「大地と駿河湾」。オコゼと大きな地ハマグリ。山と海の恵みのエキス、野菜とハマグリのだしスープを注いで
3.「大自然・伊豆の輝き」。約10通りの異なる方法で調理された野菜。60種類もの香り、味わい、食感が楽しめる
4. 金柑のムース、ピンクグレープフルーツのアイス。野菜ソースで。コース「神秘」20790円より

昼限定の「縁高 大徳寺」7000円。縁高の器の中にはエゾアワビ、浜名湖アサリ飯などが

器の中で移ろう季節。匠の技に魅せられて

日本平《にっぽんだいら》ホテル

富士山と駿河湾を眼前に望む、日本有数の景勝地に建つ日本平ホテル。2012年9月の全面建て替えに伴い、日本料理「青桐」も寿司カウンターを備えた「富貴庵」に生まれ変わった。個室の中には茶室もあり、茶事に馴染みがない人も略式の茶懐石を気軽に楽しめる。

お茶をおいしく味わうための食事である茶懐石は、最初にご飯の入った「縁高」が供される。静岡の旬の素材を盛り込んだ縁高の重は、食べてしまうのがもったいないほど美しい。「器の中で、目でも舌でも季節を楽しんでください」と料理長の田中寛さんは言う。

旬の盛りを楽しむ茶懐石に対して、旬の走りを愛でるのが夜の会席料理。「富貴庵」では、ご飯と椀の「止め膳」を、お供、お造りをプラスした「御食事膳」に変え、最後まで食事を楽しめるようになっている。

「風景美術館」の名の通り、真正面に富士山を眺めるロケーションも魅力。ぜひ宿泊して、刻々と移り変わる景色を楽しみたい。

1.「煮物碗」は清し汁仕立てで中には牡丹油目(ボタンアイナメ)、蓴菜(ジュンサイ)、小メロン、管牛蒡(クダゴボウ)、青柚子が。「縁高 大徳寺」より
2.「黒毛和牛静岡育ち岩塩焼き」と「鮎青竹岩塩焼き」などが主菜となっている懐石料理「六月ご夕食」12000円
3.「富貴庵」の前に広がる「水盤の石」のアートワーク

Chef's profile

料理長　田中寛さん

静岡市出身。日本平ホテルで28年間、一貫して和食の道を歩み、2008年料理長に就任。得意分野は素材の味を引き出す煮方。

茶室としても使える18帖の個室(上)。絶景が楽しめるテーブル席も(下)

TEL.054・335・1155
静岡市清水区馬走1500-2
富貴庵11:30〜15:00(14:30LO)、17:00〜21:00(20:30LO)、寿司処11:30〜15:00(14:30LO)※土・日曜、祝日のみ、17:00〜22:30(22:00LO)　無休
富貴庵テーブル36席、テーブル個室2室(〜8人)、座敷個室3室(〜56人)、寿司カウンター8席
駐車場400台
昼3000〜20000円、夜8000〜30000円
※個室料金別途5250円〜　要予約　カード可
1泊2食(日本料理)1人17500円〜

桜エビの土鍋炊き込みご飯や旬の食材を使った5種の前菜などが盛り込まれた「北の丸　夕膳」15000円

荘厳な日本建築の宿で、心安らぐ贅沢な時間を

葛城《かつらぎ》 北の丸《きたのまる》

　北陸にあった合掌造りの木材を利用し、昭和53年に建築された歴史ある宿。城主と正妻が過ごす場所「北の丸」にちなんだ名前には、「すべてのお客様が、殿様やお姫様のように贅沢な気分で過ごしてほしい」という思いが込められている。黒く光る太い柱や木の曲線をそのまま生かした梁、雨に濡れると黒曜石のようにきらめく遠州瓦…。自然と職人の技が融合した重厚な造りに誰もがきっと感嘆するだろう。

　料理は全国からより良い食材を仕入れ、走り、盛り名残りのバランスがとれた季節感ある膳を提供。土鍋炊きの炊き込みご飯や、5品の味が楽しめる前菜盛りを目当てに訪れる客も多いという。

　食事の前後には、竹林庭園の中にある風呂と、野趣あふれる露天風呂など趣の違う3つの湯処を楽しんで、ゆったりのんびりと。料理、もてなし、建物、自然、湯という魅力に富んだ宿で、優雅な時間を楽しみたい。食事や喫茶のみの利用もできる。

1. 北の丸名物、駿河湾産の新鮮な鮮魚を使った「吐火羅造り」。写真はマダイ
2. 春の若イモと野鳥の桑焼きの「炊き合わせ」。器の華やかさも楽しんで
3. 三保のタイを使った「鯛の潮汁仕立て」には、だしの旨味がたっぷり
4. 日本建築の美しさを追求した建物。写真は「萩殿」のエントランス

Chef's profile

料理長　大岩肇さん

料理人として40年近くもの経験を重ね、素材選びはもちろん、調味料の選択にも気を配る。「特製カラスミ」も評判。

食事処や客室などから、四季折々の日本庭園が眺められる

TEL.0538・48・6111（代表）0120・211・489
袋井市宇刈2505-2
11：30～最終入店13：30、
17：30～最終入店19：30　月曜に一部定休日あり
テーブル96席
駐車場100台
昼5250円～、夜10000円～
要予約　カード可
1泊2食（平日）1人23000円～

ときには、おしのび個室で

風流な門構えの先に、母屋と日本庭園、離れが続く

贅沢な空間でうなぎの懐石料理を
桜家 山の家 静川《しずかわ》

　ここは安政3年創業のうなぎの老舗、「桜家」の別邸。うなぎ好きを心からもてなすために先代が造ったという贅沢な空間は、全個室の完全予約制。著名人も訪れる高級料亭だ。1000坪ある広い敷地内には母屋のほかに離れとお茶室「意庵」が設けられ、手入れの行き届いた日本庭園には四季折々の花が。池には大きな錦鯉が悠然と泳ぐ姿も見られる。

　料理は「うなぎ懐石」10500円より。「旬のものを使い、なるべく手を加えず素朴な味わいの料理を」と料理長の神保竜二さんは話す。キンメダイやヒラメなどの地魚をはじめ、食材は地の物を中心に各地の旬野菜を使用。長野産ひら竹の石焼きを客の目の前で提供するなどライブ感のある演出も盛り込む。もちろん「うなぎ懐石」では、桜家の「うな重」や「白焼き」も楽しめる。

　ゆったりとした客室はどの席からも庭園を眺められるのも魅力。旬の料理と日本庭園の春夏秋冬を堪能する、贅沢で上質な時間が待っている。「御法事懐石」も受け付けている。

季節の食材を生かした懐石料理とうなぎ料理の贅沢なコラボレーション「うなぎ懐石」10500円。桜家伝統の味が楽しめる「うなぎ重箱」。うなぎの肝の時雨煮、うなぎの骨の唐揚げ、う巻き卵が並ぶ「前菜」。おろしたての本ワサビでさっぱりといただく「うなぎの白焼き」。エビの真丈を湯葉で巻き、カラリと揚げたふわカリ食感の「東寺巻き」ほか

Chef's profile

料理長 神保竜二さん
三島市出身。日本料理に携わること24年。長野の旅館や料亭で経験を積み、静川の再オープンを機に2003年料理長に就任。

緑鮮やかな昼の庭もいいが、静けさを増す夜も風情があり、おしのびにはちょうどいい

TEL.055・971・4692
三島市川原ケ谷592-7
11:00～14:30、17:00～21:00
予約時のみ営業
個室2室（～24人）、離れ2室（～8人）
駐車場20台
昼・夜 5250円～
要予約（2日前までに・完全予約制）　カード不可

幹線道路から奥に入った静かな住宅地。看板を立てない、ひっそりとした門構えはまさに隠れ家。その先に蔵の扉を付けたにじり口が現れ、女将の櫻井恵子さんが出迎えてくれた。

昼夜一組の完全予約制。営業時間も来店客の予定に合わせ店側では特に設けていない。個室とは違い丸ごとその空間を貸し切りにできるので、ゆっくりと自分たちのペースで食事を楽しめる。料理は先付に始まり、お造り、揚物、煮物、ご飯もの、最後は女将自らが点てるお抹茶とお菓子で締める。温かいものは温かく、冷たいものは冷たく、一品一品丁寧に作られた料理は、女将が心を込めて作る和洋を織り交ぜた創作料理。アルコールも料理に合うワインやシャンパン、日本酒、焼酎などを取り揃えている。

時に客と一緒に酒を交わし語らうこともあるという女将。そんな場面でもさりげなく食事のタイミングを見計らい、厨房に入る。「お客さんがね、助けてくれるの」。そんな人が集まるのも女将の人柄かもしれない。

大人が通う大人のための時空間

隠れ家創食 羅漢《らかん》

Chef's profile

女将　櫻井 恵子さん

富士市吉原出身。子育てを終え、自分を見つめ直した時、友人からの勧めで料理の道へ。16年前に「羅漢」をオープン。

深みのある古道具が空間に落ち着きを与える(上)

TEL.0545・57・5137
富士市吉原4-23-19
来店時間に合わせて営業
予約時のみ営業
カウンター6席、座敷～20名
駐車場4台
昼・夜5000～10000円
要予約(完全予約制)　カード不可

1.「先付」。クリームチーズと豆乳の豆腐 ドライイチジクのワイン煮のせ、春菊の白和え、パンカナッペほか
2.「ゴマ豆腐」は常連客に人気の一品。濃厚ながらふんわりとなめらかな口当たり
3. 門から続く庭を抜け、入口へ。腰を屈めてにじり口をくぐるところから、今日の宴が始まる
4. 10000円のコースより「テールのトマト煮」(手前)。「青豆のポタージュ仕立て」(奥)は細うどんを絡めて食べる

「先付」。ブロッコリームース、生ウニ、花びら百合根など。一見スイーツのような美しさ。コース料理より

季節を目と舌で楽しむ、絵画のような品々

日本料理　崇月《しゅうげつ》

静岡市の常磐公園近く、街中から少し離れた閑静な場所にある本格会席料理の店。店主は老舗料理店で修業を重ねてきた荒谷崇さん。独立を決意した頃、かつて祖母の経営していた料亭の建物が空くことを知り、２００８年10月、この地に暖簾を掲げた。

「目においしくて、食べておいしい料理を心がけています」と話す店主。料理に向かう姿勢はいたってシンプル。その言葉通り、先付に始まりデザートに至るまで、繊細で丁寧に仕上げられた品々はまるで美しい絵を見るよう。自然や季節が表現されている。そして味わえば、口中に旬の素材の風味が広がり、余韻も楽しい。なかには見た目だけでは味の想像がつかず、食べた途端うれしいサプライズが起きる一品もあり、これもまた楽しい趣向。日本料理の伝統を踏まえつつも、新しいセンスが光る。そこに「崇月」の魅力がある。

メニューは５７７５円、７８７５円、１０５００円、１２６００円からの特選がある。記念日や法事はもちろん、ちょっとした食事会にもお薦めだ。

1.「八寸」(よもぎ麩の鶏味噌田楽、百合根とサーモンの菱餅、京人参のカステラ、鴨ロースなど)
2.「煮物」(れんこん餅、筍、フキ、鯛の子の炊合せ)。尾形乾山の写しなど器を見る楽しみも
3.「椀物」(若筍真薯、桜人参、ハマグリ)。蓋を取ると季節の香りと色合いが広がる
4.「デザート」(イチゴ胡麻豆腐にフルーツ)。胡麻とイチゴが絶妙のバランスで

Chef's profile

店主　荒谷崇さん

東京生まれ。18歳でこの道に。老舗の名店「なだ万」などで修業の後、2008年に現在地に「崇月」を開店。

黄土色の塗り壁に犬矢来、落ちついた佇まいで客を迎える

TEL.054・270・5128
静岡市葵区常磐町3-3-19
17:30～22:00
日曜休(10人以上予約の場合営業)臨時休業あり
個室3室(4・8・～18人)
駐車場なし
6000～13000円
要予約(完全予約制)　カード不可

浜当目の海沿いにクルマを停めて、波音を聞きながら細い小道を徒歩で50mほど。そこに、船元の屋敷だったという風情ある門構えの「游石」はある。座敷から望む庭には松、千両、椿、梅、ツツジ…。一日昼夜2組限定・完全予約制の懐石料理の店だ。

料理はおまかせのコースのみで5250円から。予約時に食べられない食材、アレルギーの有無、食べたい食材などを聞き、親方・増田喜久さんがその日の献立を考案する。

この店、魚料理に定評があり、それを目当てに来る客も多い。というのも焼津という地の利を生かし、契約漁師を持ち、釣り上げ物の生き絞めを主に、活魚は生簀で生かして使うという徹底ぶり。いかに鮮度のいい魚を仕入れるかが「游石」の料理の要なのだ。だしは5年物の本枯節と羅臼の天然昆布を使い、椀はだしを味わうように、焼物は素材の甘みをいかすシンプルな調理法で、煮物は濃い味付けにしてインパクトを。いずれも魚をおいしく味わうための親方流の技だ。

鮮度のいい焼津の魚を、よりおいしい一品に仕立てる懐石料理

茶寮 游石《ゆうせき》

Chef's profile

親方 増田喜久さん

静岡市出身。京都、東京で研鑽を積み、1986年に独立、「游石」を開業。

席は完全個室2室のみで、2人から25人まで利用可能。接待や法事にも(上)

TEL.054・629・1003
焼津市浜当目3-8-8
11:30〜(来店時間に合わせ営業) 不定休
個室2室(〜25人)
駐車場5台
昼・夜5250円〜
要予約(完全予約制) カード可

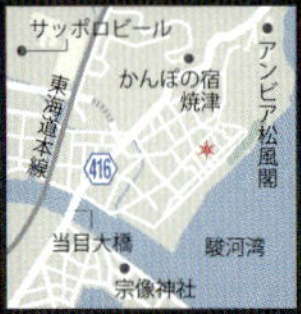

2

1

4

3

1. ホタイルイカ、シラス釘煮、福豆などが盛られた「前菜」、「鰆幽庵焼」、「桜エビのかき揚げ」など。コース料理の一例
2. 「ずわいがに真丈・菜花・しいたけ・柚子の椀」。ふんわりとける真丈の上には菜花にやってきた蝶々の柚子が
3. 旬の食材を使った「筍・連子鯛の炊合わせ」。焼津の地酒「磯自慢」との相性もいい
4. 「タケノコメバル薄造り」。臭みのない美しく透けるような白身は、鮮度のよさの証しだ

月替わりの「今月の献立」10000円で登場する料理の一例。アマダイの小桜蒸しや筍、菜の花が入った春らしい椀

繊細な季節の味を食す、完全個室の割烹

割烹 弁いち《べんいち》

大正13年創業の、親子3代に渡って受け継がれてきた割烹。料理長の鈴木純一さんがその日のゲストのために組み立てたコース料理を、贅沢なプライベート空間で味わう。そんな趣向を楽しみにしている常連が多い老舗だ。

この店では、和食によくある「季節の素材を使った…」という言葉にかなり重みがある。仕入れは生産者の顔が見える天然素材のみに徹底し、中には仕入れ期間が2週間のみという野菜もあるそう。さらに、お造りのツマも、春ならダイコンを使わず、青のりの寒天固めや、ラディッシュの昆布〆を添えるなど、まさに、季節が料理の要。「漬け物一つにしても旬の違う物は出したくない。これはこだわりというよりも、美意識に近いですね」と語る料理長渾身の料理があるから、新しい季節を迎えるごとに通う客が多いのだ。

アルコール類も多彩に揃い、地方都市では「弁いち」でしか味わえない国産プレミアム樽生ビール「ガージェリー」のほか、日本酒も「十四代大吟醸」各種、「黒龍石田屋・二左衛門」といった希少酒が揃う。ぜひ一度お試しを。

1.「今月の献立」に登場するお造り。旬の鮮魚を盛りつける器も美しい
2. コースに含まれる前菜の一例。その日の仕入れによって内容が異なる
3. 鮮魚の頭を豪快に使い、濃厚なだしがダイレクトに味わえる椀

Chef's profile

料理長　鈴木純一さん

「お客様の口に入る時が、食材のおいしさのピーク時であるよう心がけています」と話す、生粋の料理人。

おしのび感のある個室が4室。店主と会話ができるカウンターの部屋もある(上)

TEL.053・453・2216
浜松市中区肴町313-13
17:30～23:00(21:30LO)※昼は予約制
日曜休
カウンター個室4席、座敷個室3室(～10人)
駐車場なし
昼・夜8400円～
要予約　カード可

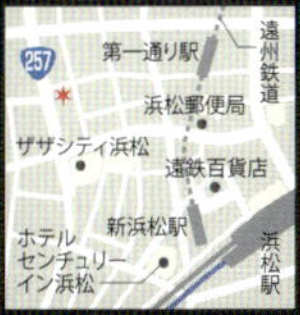

「すっぽん鍋コース」12600円より「鍋」。生姜と醤油というシンプルな味付け。丁寧な仕事が光る

全国に誇る浜名湖のすっぽんをコースで

日本料理 すっぽん 繁松《しげまつ》

昭和22年の開店以来、旬の食材をふんだんに使用した懐石料理が人気の老舗。中でもぜひ味わってほしい食材が名物の「すっぽん」だ。意外に知られていないが浜名湖のすっぽんは、京都をはじめ全国各地に出荷されるほどの極上の逸品。「浜松にすっぽん料理の魅力を浸透させたい」と店主の石川明さんは話す。

「すっぽん鍋のコース」に出される料理は、先付、すっぽんスープの煮凍、肝の煮付け、鍋、雑炊、水菓子。旨味が凝縮された鍋は、海鮮スープのすっきりとしたのど越しで、すっぽんの肉のまろやかさも絶妙。箸でくずれてしまうほどのホロホロ感で、臭みも骨も一切なし。コラーゲンたっぷりの皮もクセになる。そして締めはこのスープで作る雑炊。一度食べたら忘れられない贅沢な味わいだ。カウンター席で粋にというのもいいが、趣のある和室でしっとりもいい。

夜のメニューはほかに7品の料理と食事、水菓子が付く週替わりの「懐石膳」、11月から2月限定の「ふぐコース」があり、昼は「昼懐石膳」、「釜飯御膳」が揃う。

2

3

1

1.「雑炊」は、スープのコクを最後の最後まで味わえる贅沢な一品。締めというよりメインの一品だ
2.「すっぽんスープの煮凍」(左)と「肝の煮付け」(右)。コース内の一品で、鍋とは違う、すっぽんの旨味が味わえる
3. 4人まで利用できる個室。そのほか、8人用和室、掘りごたつ式和室、椅子席個室があり、用途に合わせて使い分けができる

Chef's profile

店主　石川明さん

3代目。食材は自ら仕入れ先に出向き、自分の目で確かめて選ぶ。「まずは一度すっぽんを食べてほしい」と話す。

個室のほかカウンター席も(上)。創業当時から変わらない店構え(下)

TEL.053・453・2591
浜松市中区千歳町58-1
12:00〜14:00、17:30〜22:30　日曜休
カウンター10席、個室4室(〜8人)
駐車場なし
昼2625円〜、夜10500〜15750円
要予約　カード可

大人の粋を楽しむ

旬の地元素材を使用し、伊豆の風景を美しく表現した先付。添えられた季節の花々がさらに料理を彩る

一日一組だけが味わえる、もてなしの時間

GALLERY SALON 羅漢《らかん》

緑豊かな自然の中に佇む築170年の古民家。日本情緒あふれる引き戸を引くと、そこには重厚なアンティーク家具が配され、洗練された雰囲気が漂う。さらに座敷には、店主・加藤敦子さんがメキシコから持ち帰った小物や家具が見事に調和し、センスの良さが光る。

「時間と空間の中に料理があれば」と、腕によりをかけて伊豆の味覚でもてなしてくれる店主。まずは屋外の味噌樽を逆さまにした小屋に移動して先付をいただき、その後サロンで地元の素材をふんだんに取り入れた鮮やかで美しい前菜を味わう。伊豆の景色の移ろいを表現したアートな創作和食は、箸を付けるのがもったいないほどの美しさだ。

そんな繊細でやさしい料理を引き立てる器は、亡きご主人が焼いたという特別なもの。ご主人の器と、鮮やかな料理のコラボレーションが重なり、初めて一皿が完成するのだ。四季折々の景観と料理が、特別な一日を演出してくれる「羅漢」での贅沢なひとときは、きっと心に沁みるはずだ。

1.メインの「ローストビーフ」。中伊豆名物の新鮮なワサビを好きなだけたっぷりすり下ろすのも贅沢
2.この日のデザートは「梅酒のマシュマロ」。口に入れた瞬間にほんのり香る梅の香りがさわやか
3.薪で炊くご飯は、おこげの香ばしさも存分に味わえる。ワサビを入れたカツオ節の粉をかけて

Chef's profile

店主 加藤敦子さん

三島市出身。料理好きな祖母と母の背中を見て育つ。その感性で創り上げる料理は繊細そのもの。

25年間放置された空き家を少しずつ丁寧に手入れしたという古民家

TEL.0558・83・0529
伊豆市地蔵堂299-2
希望時間に合わせて営業(1日1組限定)
不定休
サロンから座敷まで最大20人
駐車場10台
昼・夜8400円〜
要予約(完全予約制)　カード不可

「海老の天ぷら」。器は移転に合わせすべて新調したという。ランチ「海老と野菜の天ぷら定食」は2100円

3種の油を独自ブレンド
天ぷらの真髄を味わう
天ぷら　すぎ村《すぎむら》

「すぎ村」に行くなら、ぜひともカウンターに座りたい。掘りごたつ式でくつろげる落ち着いた個室もあるのだが、やはり天ぷらはカウンターがベストだ。

２０１２年11月に10年間愛された焼津市から移転。街中のビル地下1階、京都先斗町の町屋から取り寄せた格子戸から漏れる光が、喧噪を忘れさせてくれる。すっきりとした設えと、間接照明のモダンな雰囲気が無理なく同居するカウンターに立つのは店主の杉村裕史さん。パリッとした白衣で、手際よく種を揚げていく職人ならではの集中力が凛とした空気を生む。

例えばエビ。水槽から活けの状態で引き揚げ、手早く仕事が施され、薄い衣をまとい油の中へ。エビは蒸された状態になり、外はサクサク、中はふんわり。「一番おいしい状態」に仕上がり、客の目の前の皿へと出される。味わうのは、つゆと2種の塩で。

目の前で、とびきりの素材が一流の料理に生まれ変わる瞬間を食す。天ぷらの贅沢はそこに尽きる。

1.「琵琶湖産の若鮎」。春から初夏にかけてのメニュー。泳いでいるような姿が美しい。カレー塩が意外と合う
2. 京ニンジン、フキノトウ、アスパラ、レンコン。野菜の天ぷらの一例。野菜が持つ本来の旨味、甘味が凝縮されている
3. 初春の味「岡部産 新筍」。揚げたてをおかかと醤油だれでいただく。新筍ならではの香りが引き立つ
4. 厳選された素材と、太白ゴマ油、淡口ゴマ油、コーンサラダオイルを独自ブレンドし、香りと軽さを両立した揚げ油が、味の決め手

Chef's profile

店主 杉村裕史さん

静岡市出身。江戸前天ぷらの名店で修業後、焼津市に店舗を構え、昨年移転。こだわりの仕入れは焼津や築地などから。

目の前で揚げたてが食べられるカウンターと、記念日にピッタリの個室がある

TEL.054・273・8900
静岡市葵区追手町1-21 オーテシティビルB1F
11：30～最終入店13：00、17：30～最終入店20：00 水曜休、木曜昼休
カウンター10席、個室1室（～8人）
駐車場なし
昼2100円～、夜6500円～
薦予約 カード可

食材の魅力が存分に輝いた「創作精進料理」

観音寺 水月庵《すいげつあん》

足下に瀬戸川、はるか東に富士山を望む丘の上に建つ「水月庵」。「典座教訓（てんぞきょうくん）」と「赴粥飯法（ふしゅくはんぽう）」という、料理と食事に関する二つの教典を遺した道元禅師が開祖の曹洞宗、その大本山總持寺でかつて9年間典座（料理長）を勤めた、小金山泰玄老師が腕を振るう精進料理の庵だ。

老師が水月庵を開いたのは29歳の時。道元の教えと「母の味」に、食べることが好きだという老師の創造力が加わった、2時間近くかけていただく料理は、「創作」精進料理とでも呼びたい椀と皿が続く。買出しの時のひらめきからメニューが生まれることもあるという。いずれもそれぞれの素材の食感が生かされた、しっかりとした豊かな味わい、美しさ、動物性たんぱく質ゼロとは思えぬ満足感に驚かされる。「精進料理は味が薄いとイメージされがちですが、私は『おいしさ』を大事にしています」と話す老師。梅、桜、あじさいなど季節の花々が境内で楽しめるのも魅力だ。

Chef's profile

典座　小金山泰玄老師
観音寺住職。2001年から9年間、大本山總持寺の典座を勤め、多くの修行僧の指導にあたった。現在可睡齋（袋井）典座も務める。

木々を眺めながら小道を登ると水月庵はある。落ち着いた座敷でゆったりと

TEL.054・644・5503
藤枝市瀬古1-2-1
12:00～14:00、17:30～21:00　不定休
座敷45席（個室3室に分割可）
駐車場あり
予算3675円～
要予約（完全予約制）
カード不可

2

1

4

3

1.「コース」3675円(3人～予約)。野菜、豆類、穀類だけなのに実に多彩なメニューが現れる
2.「天ぷら」(ひきわり納豆揚げ、梅干し、カボチャ、サツマイモ、舞茸)
3.「向付」(豆腐と山芋の蒲焼風、山芋〈山葵・そば〉海苔巻、豆腐味噌漬け、生麩の揚げ煮、黒豆)
4.「デザート」(メロン、イヨカン、バナナ、イチゴ)

山里の隠れ家で
旬を食べ尽くす贅沢
手打そば 食事処 幸之松《こうのまつ》

手打ち蕎麦屋とコース料理でもてなす食事処の、二つの顔を持つ「幸之松」。しかしコース料理の存在を知る人はそれほど多くない。夜は基本的に一日一組。粋な趣向で極上のひとときを過ごせるとあって、誰もが内緒にしておきたいと考えるのかもしれない。

コースは旬の食材をとことん食べ尽くす独自のスタイル。冬はフグ、カニ、鴨。そして春のタイ、夏はハモ、秋には松茸が一番いい時期を逃さず登場する。食材は、親方が修業時代を過ごした関西の市場から。これを鍋、天ぷら、サラダ、鮨、雑炊など、素材に応じたコースに仕立ててくれる。「日本料理は足し算ではなく引き算。いかに素材が持つ味を生かせるかが重要」と親方の幸之松大さん。見た目は素朴だが、シンプルな調理法だからこそ料理人の勘と腕が問われることは間違いなく、繊細な味わいが食通たちを惹き付けてやまない。楽しく語らいながら食事の世話を焼いてくれる女将さんのもてなしに、心までも満たされる。

Chef's profile

親方　幸之松大さん

京都の鮨店と大阪の割烹で10年ほど修業した後、島田市内に鮨店を開店。17年前に現在地に移転。蕎麦は独学だそう。

古民家を再生した一軒家。田舎の祖父母の家を訪ねたようなくつろげる店内

TEL.054・639・1008
藤枝市本郷3308
11：00～14：00(13：30LO)、17：00～21：00
月曜休、隔週火曜休（祝日営業、翌日休）
テーブル20席、座敷10席、個室2室（～10人）
駐車場10台
昼639円～（コースは3650円～）、夜3650円～
要予約（コース・4人以上、蕎麦は予約なしでOK）
カード不可

1. 女将さん自らカニを湯にくぐらせて手渡してくれる「しゃぶしゃぶ」。理由は雑炊でわかる
2. 「焼き物」。焼きガニのギュッと凝縮された甘さを楽しむ。つけだれは何もいらない
3. 旬の走り、盛り、名残りを楽しむ「八寸」（酢の物・ゴマ豆腐・空豆・海つぼ・刺身）
4. 「おし寿司」、「茶碗蒸し」、「サラダ」。5250円のコースにはほかに天ぷら、蕎麦、雑炊がつく

70余年受け継がれてきた技が光る 老舗の「うな重」

うなぎの 清水家《しみずや》

浜松で、ちょっと贅沢な食事を。そんな時に真っ先に挙がるのが「うなぎ」。名店と呼ばれる店も数あるが、創業70年以上の老舗となると、そうはない。「清水家」もその一つだ。

入口に掲げられた看板には、「本場炭焼きの味　名代うなぎ」。はやる気持ちを抑え、いざ入口を開ける。創業以来変わらないという店内はまさに昭和の雰囲気で、香ばしいタレの香りが漂う。

メニューはうなぎのみ。「うな丼」と「うな重」だけという潔さだ。うなぎは産地にこだわらず品質のいいものを国内外から店主の目利きで仕入れる。炭は「焼き」に最も適す固いものを使用。「火が暴れず、熱で焼くことできる」のだという。白焼きは一気に焼き上げ旨味を閉じ込め、タレ付けは弱火で焦げないようにじっくりと焼き上げる。蒸していないのに簡単に箸が通るやわらかさで、ふんわりとした食感に思わず笑みが。甘辛いタレもクセになる。70余年受け継がれてきた職人の技が作るまさに、老舗の逸品だ。

Chef's profile

店主　波多野利彦さん

「清水家」一筋34年のうなぎ職人。繊細なうなぎの焼き上がりを見逃さない技はまさに匠だ。

昼や休日は満席で待つことも多いが、その時間もうなぎの序章と、楽しみたい

TEL.053・522・0063
浜松市北区細江町気賀238-2
11：00～18：00（売り切れ次第終了）
水曜休（祝日営業、翌or前日休）、月1回月曜休
カウンター7席、座敷73席
駐車場30台
昼2205～3150円
予約不可　カード不可

1.「うな重27」2835円。無駄のない味付けとやさしい食感。食べれば人気もうなずける
2. 透き通る見た目からは想像出来ないくらい芳醇な香りと口当たりがまろやかな「吸物」。具の肝の苦みは一切ない
3. 創業から継ぎ足しで使用しているタレに何度もくぐらせてじっくりと焼き上げる。炭の熱を操り、ふっくらと焼き上げる
4. うな重と人気を二分する「うな丼」2205円

企画・編集　静岡新聞社 出版部

スタッフ
飯田奈緒・海野志保子・大石真弓・梶 歩
桜田亜由美・高岡 基・瀧戸啓美・永井麻矢
深澤二郎・水口彩子・溝口裕加・宮崎年史
依田崇彦

フォーマットデザイン
komada design office

レイアウト
エスツーワークス

ぐるぐる文庫　大人の美食レストラン

2013年5月23日　初版発行

著　者　静岡新聞社
発行者　大石　剛
発行所　静岡新聞社
〒422-8033　静岡市駿河区登呂3-1-1
TEL 054-284-1666

印刷・製本　株式会社DNP中部

ISBN978-4-7838-1941-7 C0036

好評既刊
ぐるぐる文庫　定価840円（税込）

もっと静岡が好きになる。楽しくなる！ ぐるぐる文庫

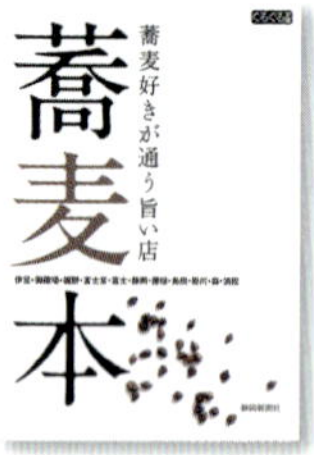
蕎麦好きが通う旨い店
蕎麦本

しずおか和本舗
甘味本

港町の激旨・庶民派！
食堂&市場めし
港食堂本

これぞしぞーか人の
ソウルフードだ。
B級ご当地グルメ本 静岡

県内21駅+近隣6駅
徹底取材！
しずおか道の駅本

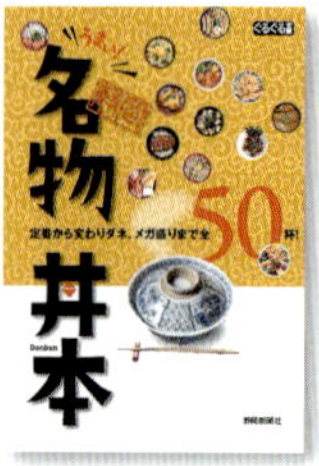
定番から変わりダネ
メガ盛りまで全50杯！
静岡 名物丼本

静岡県の人気バイキング
&ビュッフェ40軒
食べ放題本

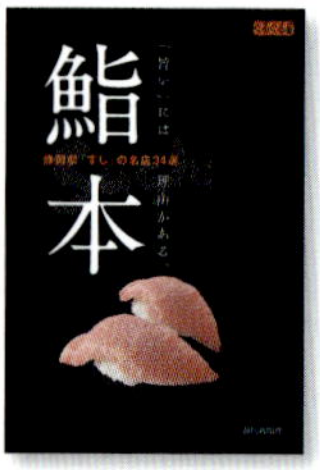
静岡県「すし」の名店34選
鮨本